LUDWIG VON MISES

REFLEXÕES DIÁRIAS

Café com Mises

Prefácio de Helio Beltrão

LVM EDITORA

Os direitos desta edição pertencem à LVM Editora, sediada na
Avenida das Nações Unidas, nº 18.801, 4º andar, sala 407
Jardim Dom Bosco – São Paulo/SP – CEP: 04757-025
contato@lvmeditora.com.br

Editor-Chefe | Felipe Alves
Assistente editorial | Geizy Novais
Revisão ortográfica e gramatical | Marlon Souza
Cotejo | Pedro Alves
Capa e projeto gráfico | Carlotta Petrongaro
Diagramação | Sara Vertuan

Impresso no Brasil, 2025

Dados Internacionais de Catalogação na Publicação (CIP)
Angélica Ilacqua CRB-8/7057

M659c Mises, Ludwig von, 1881-1973

Café com Mises / Ludwig von Mises ; tradução de Equipe LVM Editora. - São Paulo : LVM Editora, 2025.
192 p. : il.

ISBN 978-65-5052-290-2

1. Economia - Citações 2. Mises, Ludwig von, 1881-1973 - Citações I. Título II. Equipe LVM Editora

25-3551 CDD 330.01

Índices para catálogo sistemático:
1. Economia - Citações

LUDWIG VON MISES

REFLEXÕES DIÁRIAS

Café com Mises

Prefácio de Helio Beltrão

LVM EDITORA
SÃO PAULO, 2025

Prefácio

Por Helio Beltrão

Entre todas as heranças que a tradição liberal nos legou, poucas são tão sólidas e necessárias quanto o pensamento de Ludwig von Mises. Sua obra não é apenas um tratado sobre economia, é uma declaração vigorosa em defesa da liberdade, da responsabilidade individual e da razão como instrumento de compreensão e ação no mundo.

Café com Mises oferece ao leitor algo raro: 365 oportunidades de encontro com uma mente que não apenas analisou o funcionamento da sociedade, como também iluminou os fundamentos morais da vida em comunidade. São frases breves, mas nunca simplórias. Cada uma delas carrega uma centelha. Às vezes provocativa, outras vezes reconfortante, mas sempre lúcida, que pode acender uma reflexão, orientar uma decisão ou despertar o espírito crítico.

Vivemos dias em que o ruído se impõe com facilidade, e o hábito de pensar com profundidade vai sendo corroído pela urgência superficial. Por isso, deter-se diariamente diante de uma ideia clara não é apenas um ato intelectual, mas um gesto de resistência. Este livro convida a esse gesto: parar, ler, pensar. Um pequeno ritual cotidiano que, com o tempo, afina o olhar e fortalece o juízo.

Mises compreendia o homem como agente, um ser que escolhe, que age, que constrói sentido. Sua defesa da liberdade não se resume a *slogans* ou princípios abstratos. É uma liberdade vivida no dia a dia: nas escolhas de consumo, nos vínculos que formamos, nas instituições que sustentamos ou rejeitamos. Ao percorrer essas frases, o leitor perceberá que cada uma delas toca, de algum modo, esse núcleo vital da experiência humana.

Que esta edição seja, portanto, mais do que um compêndio de pensamentos. Que seja uma companhia. Um café diário com uma das mentes mais lúcidas do século XX. Um convite à reflexão serena, à ação responsável e à redescoberta da liberdade como valor e como prática.

Um gole de Mises

Por Pedro Henrique Alves

Café com Mises é um convite ao hábito diário de pensar com Ludwig von Mises – uma xícara de lucidez libertária, ao estilo *Café com Deus Pai*, mas agora temperada com a contundência econômica e filosófica de um dos maiores defensores da liberdade individual do século XX. Aqui, cada frase de Mises funciona como um pequeno despertar filosófico, uma centelha de consciência que, entre goles de café e páginas folheadas, pode transformar não só o dia do leitor, mas sua percepção sobre o mundo e sobre o papel que ele mesmo ocupa na sociedade. Doses de *insights* que inspiram correção de princípios e de conduta ante as ideias que circulam na sociedade.

Ludwig von Mises foi, e continua sendo, uma figura profundamente disruptiva. Em um século marcado por guerras, revoluções totalitárias e pela ascensão de ideologias que sacrificaram milhões em nome do coletivo abstrato, Mises teve a ousadia – quase solitária – de afirmar que o indivíduo, não o Estado, é o verdadeiro alicerce da civilização. Suas ideias desafiaram o espírito da época: enquanto o mundo caminhava rumo ao planejamento central, à nacionalização e à servidão moderna, Mises defendia, com clareza e coragem, a economia de mercado, a propriedade privada, o Estado de Direito e a liberdade como pré-requisito indispensável, inalienável, fundamental para a prosperidade genuína, aquela que é econômica, como também psicológica e até mesmo ontológica.

Essa resistência ao pensamento dominante não passou despercebida. Sua obra influenciou profundamente uma geração inteira de pensadores liberais e libertários. Entre eles, Friedrich Hayek – seu discípulo e amigo –, que ganharia o Prêmio Nobel de Economia em 1974, reconhecendo publicamente a dívida intelectual que tinha com Mises. Também Murray Rothbard, um dos fundadores da vertente anarcocapitalista do pensamento libertário, encontrou em Mises o alicerce teórico para sua crítica radical ao Estado e para a defesa de uma sociedade voluntária baseada na cooperação espontânea. Outros nomes como Israel Kirzner, Henry Hazlitt, Thomas Sowell, Hans-Hermann Hoppe e até economistas contemporâneos como Peter Boettke e Jesús Huerta de Soto continuam desenvolvendo e aplicando os princípios misesianos à realidade do século XXI.

No Brasil, onde tantas vezes a esperança é afogada em burocracia, inflação, estatismo e promessas políticas que ignoram a realidade econômica, Mises ressurge como um alento diário. Suas frases oferecem algo raro em nossa cultura política: clareza moral e intelectual. Elas não apenas informam, mas inspiram, enobrecem e desvelam ilusões de propagandistas. São bálsamos contra o desalento, convites à responsabilidade individual, e lembretes constantes de que não haverá prosperidade coletiva sem a liberdade do indivíduo.

Este livro não pretende ensinar tudo – mas reacender algo. Que cada página seja um momento de reflexão, um sopro de coragem, uma dose matinal de independência intelectual ante os estafantes e cada vez mais rareados espaços de liberdades em nosso país. Porque, como Mises nos ensina, a verdadeira mudança não começa com decretos, partidos ou comissões estatais – começa com o despertar do indivíduo, com a coragem de pensar por si mesmo e com a recusa em delegar sua própria liberdade a qualquer poder central. É esse espírito que este livro pretende cultivar, uma frase por vez, um gole após o outro.

DIA 01 O indivíduo como base

“A economia é, essencialmente, uma ciência da ação humana individual.”

Cada decisão de uma pessoa constrói o sistema de mercado. Quando ignoramos o indivíduo, perdemos o centro da economia.

Palavra-chave:
Individualidade

REFLEXÃO:
Você pensa com independência ou terceiriza suas decisões?

DIA 02 A liberdade e o mercado

“Só onde há liberdade de preços há mercado.”

Controle de preços destrói o mercado ao distorcer os sinais essenciais da coordenação econômica.

Palavra-chave:
Preços

REFLEXÃO:
Você percebe como os preços regulam a escassez e o valor?

DIA 03 Conhecimento disperso

"Nenhum planejamento central pode substituir o conhecimento disperso dos indivíduos."

O conhecimento está fragmentado e é disperso; tentar controlá-lo de cima para baixo gera erros e desperdícios.

Palavra-chave:
Descentralização

REFLEXÃO:
Você confia em burocratas ou na inteligência do mercado?

DIA 04 A função social do lucro

"O lucro é a bússola que orienta a produção segundo as necessidades do consumidor."

Lucro não é ganância, é sinal de que recursos foram alocados com eficiência para satisfazer demandas reais.

Palavra-chave:
Eficiência

REFLEXÃO:
Você entende que o lucro também serve a você?

DIA 05 A ação humana como ponto de partida

"Toda ação é racional do ponto de vista de quem a executa."

Mesmo decisões equivocadas partem de propósitos racionais. A economia precisa partir do indivíduo agindo.

Palavra-chave:
Racionalidade

REFLEXÃO:
Você julga o outro pela intenção ou pelo resultado?

____
____
____
____
____
____
____
____

DIA 06 Intervencionismo é um círculo vicioso

"Cada nova intervenção estatal cria distorções que pedem novas intervenções."

O ciclo de intervenções tende ao totalitarismo. A liberdade vai sendo corroída gradualmente.

Palavra-chave:
Intervenção

REFLEXÃO:
Você identifica esse ciclo nos governos atuais?

____
____
____
____
____
____
____
____

DIA 07 Inflação é um imposto

"Inflação é o meio pelo qual o governo tributa sem legislar."

Ao imprimir dinheiro, o Estado transfere riqueza dos poupadores para si. Isso corrói o poder de compra da população.

Palavra-chave:
Inflação

REFLEXÃO:
Você percebe como a inflação empobrece os mais fracos?

DIA 08 Mercado não é anarquia

"A economia de mercado é uma ordem espontânea e não um caos."

A liberdade produz ordem sem imposição. O mercado se organiza por meio das trocas voluntárias.

Palavra-chave:
Ordem

REFLEXÃO:
Você enxerga ordem onde há liberdade?

DIA 09

O consumidor é o verdadeiro chefe

"No mercado, é o consumidor quem decide quem lucra e quem falha."

Empresas servem aos consumidores, e não o contrário. Se não atenderem, falem.

Palavra-chave:
Soberania

REFLEXÃO:
Você valoriza seu poder como consumidor?

DIA 10

A ciência econômica não é uma opinião

"Os economistas não inventam leis econômicas, eles as descobrem."

Assim como a física observa as leis da natureza, a economia observa a ação humana.

Palavra-chave:
Ciência

REFLEXÃO:
Você trata a economia como ciência ou ideologia?

DIA 11 | O papel do mercado

"O mercado não é uma invenção. É uma consequência da ação humana."

Palavra-chave:
Mercado

REFLEXÃO:
Onde há cooperação e liberdade, surge o mercado como extensão natural das trocas voluntárias.

DIA 12 | Intervencionismo: A ilusão de controle

"O intervencionismo sempre gera novas intervenções."

Palavra-chave:
Intervencionismo

REFLEXÃO:
Cada regulação cria distorções que exigem mais regulação, até que a liberdade desapareça.

DIA 13

Responsabilidade individual

"Só o indivíduo age. A sociedade não age."

Palavra-chave:
Ação individual

REFLEXÃO:
Atribuir decisões a 'estruturas' ou 'sistemas' é fugir da responsabilidade moral da escolha.

DIA 14

Conhecimento descentralizado

"Ninguém pode saber tudo. O mercado coordena esse conhecimento disperso."

Palavra-chave:
Conhecimento

REFLEXÃO:
A ordem espontânea supera o planejamento central exatamente porque reconhece seus limites.

DIA 15 O Preço como informação

"O preço não é uma barreira. É um sinal."

Palavra-chave:
Preço

REFLEXÃO:
O preço indica escassez e valor percebido. Ignorar os preços é agir às cegas.

DIA 16 Moeda sólida

"Sem moeda sólida, não há civilização duradoura."

Palavra-chave:
Moeda

REFLEXÃO:
A desvalorização monetária destrói o contrato, a poupança e a confiança.

DIA 17

O mito da igualdade econômica

“Não somos iguais em capacidades, apenas em dignidade.”

Palavra-chave:
Igualdade

REFLEXÃO:
A busca pela igualdade material por coerção elimina a liberdade e o mérito.

DIA 18

A importância do lucro

“O lucro é o prêmio por servir melhor os outros.”

Palavra-chave:
Lucro

REFLEXÃO:
Demonizar o lucro é demonizar o progresso.

DIA 19 A tragédia da burocracia

"A burocracia age sem alma, sem risco, sem criatividade."

Palavra-chave:
Burocracia

REFLEXÃO:
A liberdade exige responsabilidade. A burocracia evita ambas.

DIA 20 A iniciativa humana

"Todas as grandes realizações começaram com alguém que se recusou a esperar pelo Estado."

Palavra-chave:
Iniciativa

REFLEXÃO:
O progresso não vem de cima. Vem das mãos livres e das mentes audazes.

DIA 21 O julgamento do consumidor

❝ *No mercado, quem comanda é o consumidor.* ❞

Palavra-chave:
Consumidor

REFLEXÃO:
O verdadeiro "rei" da economia não é o empresário, mas quem compra ou deixa de comprar.

DIA 22 O custo da gratuidade

❝ *O que o governo dá, primeiro tomou de alguém.* ❞

Palavra-chave:
Gratuidade

REFLEXÃO:
Não há almoço grátis.
O Estado não cria riqueza, ele redistribui.

DIA 23

O valor do trabalho voluntário

"O trabalho voluntário é expressão da liberdade."

Palavra-chave:
Trabalho

REFLEXÃO:
Só há moralidade onde há escolha.

DIA 24

Contra a utopia

"O socialismo não é uma alternativa prática. É uma ilusão."

Palavra-chave:
Utopia

REFLEXÃO:
A utopia custa caro.
E o preço é a liberdade.

DIA 25 O fundamento da cooperação

“Trocar é cooperar.”

Palavra-chave:
Cooperação

REFLEXÃO:
O mercado transforma o egoísmo em serviço.

DIA 26 A arrogância do planejador

“Quem planeja para todos, ignora todos.”

Palavra-chave:
Planejamento

REFLEXÃO:
Nenhuma mente pode conter as complexidades de milhões.

DIA 27 O milagre da produção

“*A produção precede o consumo.*”

Palavra-chave:
Produção

REFLEXÃO:
Só se pode dividir aquilo que foi antes criado.

DIA 28 Justiça não é igualdade

“*Justiça é tratar iguais igualmente e desiguais desigualmente.*”

Palavra-chave:
Justiça

REFLEXÃO:
Igualar à força é injustiça com nome bonito.

DIA 29 O estado como obstrução

“O Estado é, frequentemente, o maior obstáculo à prosperidade.”

Palavra-chave:
Estado

REFLEXÃO:
O progresso precisa de liberdade para respirar.

DIA 30 Liberdade ou servidão

“Não há meio-termo entre liberdade e servidão.”

Palavra-chave:
Liberdade

REFLEXÃO:
Ou você é dono da sua vida ou alguém será.

DIA 31 | O monopólio como criação estatal

“Monopólios verdadeiros são sustentados por leis, não pelo mercado.”

Em um mercado livre, o monopólio só persiste enquanto oferecer o melhor serviço. O Estado é quem cria barreiras de entrada.

Palavra-chave:
Monopólio

REFLEXÃO:
Você percebe que o protecionismo gera estagnação?

DIA 32 | A moeda como instituição do mercado

“O dinheiro surgiu espontaneamente das trocas voluntárias.”

A moeda não foi criada pelo Estado, mas descoberta pelo mercado como meio de facilitar o comércio.

Palavra-chave:
Dinheiro

REFLEXÃO:
Você reconhece o papel civilizador da moeda?

DIA 33 Inflação é um fenômeno monetário

"A inflação sempre resulta do aumento da quantidade de dinheiro."

Não é o aumento de preços, mas a desvalorização da moeda causada por sua expansão artificial.

Palavra-chave:
Inflação

REFLEXÃO:
Você confia no valor do seu dinheiro ou na promessa do governo?

DIA 34 O erro do intervencionismo

"Intervencionismo é um passo intermediário rumo ao socialismo."

Cada nova interferência gera distorções que demandam outras intervenções, num círculo vicioso.

Palavra-chave:
Intervencionismo

REFLEXÃO:
Você vê a armadilha da 'ajuda' estatal?

DIA 35 A natureza da ação humana

❝ *Toda ação humana visa remover um desconforto.* ❞

Agimos por insatisfação, e toda ação é dirigida ao futuro incerto.

Palavra-chave:
Ação

REFLEXÃO:
Você entende o peso da escolha e da incerteza em sua vida?

DIA 36 A função social do lucro

❝ *Lucro não é ganância, é sinal de serviço bem prestado.* ❞

O lucro indica que recursos escassos foram usados para satisfazer necessidades urgentes da sociedade.

Palavra-chave:
Lucro

REFLEXÃO:
Você reconhece o mérito em servir ao próximo com eficiência?

DIA 37 Liberdade é a base da civilização

Sem liberdade econômica, a liberdade política é uma ilusão.

Quando o Estado controla os meios de produção, controla também os indivíduos.

Palavra-chave:
Liberdade

REFLEXÃO:
Você quer liberdade real ou decorativa?

DIA 38 Preços não são arbitrários

Preços são sinais, não instrumentos de justiça social.

Eles informam sobre escassez, demanda e valor percebido. Controlá-los é destruir informação vital.

Palavra-chave:
Preços

REFLEXÃO:
Você entende o preço como bússola do mercado?

DIA 39 O trabalho não cria valor por si

"Valor é determinado pela demanda, não pelo esforço."

Não é o suor que importa, mas o resultado desejado por terceiros.

Palavra-chave:
Valor

REFLEXÃO:
Você mede valor pelo esforço ou pela utilidade?

DIA 40 A ilusão do estado benefaz

"O Estado é o grande ilusionista: promete o que não pode entregar sem primeiro tirar."

A caridade estatal é redistribuição com perda, não com amor.

Palavra-chave:
Estado

REFLEXÃO:
Você acredita em milagres financiados com impostos?

DIA 41 Propriedade e paz

A propriedade privada é o único meio de evitar conflitos.

Palavra-chave:
Propriedade

REFLEXÃO:
Onde tudo é de todos, todos brigam com todos. Onde tudo tem dono, há ordem.

DIA 42 O mal do controle de preços

Controlar preços é controlar pessoas.

Palavra-chave:
Preço

REFLEXÃO:
Preço fixado pelo Estado é mentira oficializada.

DIA 43 — O papel do empresário

REFLEXÃO:
Ele arrisca, organiza, antecipa.
E quase sempre é criticado.

“*O empresário é o motor silencioso da civilização.*”

Palavra-chave:
Empresário

DIA 44 — Economia não é engenharia

REFLEXÃO:
Quem trata a economia como um canteiro de obras cria ruínas.

“*A economia não é uma ciência de construção. É de compreensão.*”

Palavra-chave:
Compreensão

DIA 45 | O conhecimento econômico

"Quem não compreende economia, vota na própria escravidão."

Palavra-chave:
Educação

REFLEXÃO:
Liberdade exige discernimento — inclusive sobre preços, moeda e impostos.

DIA 46 | O perigo do coletivismo

"O coletivismo elimina o indivíduo."

Palavra-chave:
Coletivismo

REFLEXÃO:
O "bem comum" que anula pessoas é o disfarce do poder absoluto.

DIA 47 | O incentivo

"As pessoas respondem a incentivos. Sempre."

Palavra-chave:
Incentivo

REFLEXÃO:
Se você recompensa o ócio e pune o esforço, não reclame da estagnação.

DIA 48 | Poupança é civilização

"A poupança sustenta o futuro."

Palavra-chave:
Poupança

REFLEXÃO:
A sociedade cresce quando alguém planta antes de colher.

DIA 49

A vontade popular nem sempre é justa

"A maioria pode ser tão tirânica quanto um déspota."

Palavra-chave:
Democracia

REFLEXÃO:
Democracia sem limite é populismo. E o populismo sempre afunda a economia.

DIA 50

A função do lucro

"O lucro guia a produção para onde é mais necessária."

Palavra-chave:
Lucro

REFLEXÃO:
Onde há lucro, há necessidade atendida. Onde há prejuízo, há erro a corrigir.

DIA 51 — Intervencionismo leva ao socialismo

❝ *Todo intervencionismo coerente leva ao socialismo.* ❞

Palavra-chave:
Intervencionismo

REFLEXÃO:
O Estado começa 'corrigindo o mercado', termina dominando tudo.

DIA 52 — A função do dinheiro

❝ *O dinheiro é o lubrificante das trocas.* ❞

Palavra-chave:
Dinheiro

REFLEXÃO:
Sem moeda confiável, reina a incerteza e com ela, a escassez.

DIA 53 O mito da estabilidade artificial

"O governo não pode garantir estabilidade. Só criar ilusões."

Palavra-chave:
Estabilidade

REFLEXÃO:
A falsa segurança leva à ruína real.

DIA 54 O livre comércio

"O protecionismo protege ineficiências."

Palavra-chave:
Comércio

REFLEXÃO:
Barreiras comerciais protegem empresas da concorrência, não o consumidor da pobreza.

DIA 55 — A lógica da ação humana

"A ação é sempre racional para quem a realiza."

Palavra-chave:
Ação

REFLEXÃO:
Julgar a ação alheia com desdém é não compreender seus incentivos.

DIA 56 — O estado não é pai

"O Estado é uma ficção pela qual todos tentam viver às custas de todos."

Palavra-chave:
Assistencialismo

REFLEXÃO:
O assistencialismo generalizado é a falência da responsabilidade.

DIA 57 Política sem economia é ruína

❝ *A política que ignora a economia é autodestrutiva.* ❞

Palavra-chave:
Política

REFLEXÃO:
Bons desejos não pagam contas.
Más políticas geram crises.

DIA 58 A função do juízo individual

❝ *O julgamento individual é o único antídoto contra o erro coletivo.* ❞

Palavra-chave:
Juízo

REFLEXÃO:
Pensar por si mesmo é um ato de rebeldia.
E de sanidade, também.

DIA 59 | A Realidade da Escassez

"A escassez é um dado. A escolha é inevitável."

Palavra-chave:
Escassez

REFLEXÃO:
Utopias ignoram a realidade da limitação. A economia nasce da escolha.

DIA 60 | O Fim do Caminho Intervencionista

"O intervencionismo começa com regulação e termina com repressão."

Palavra-chave:
Regulação

REFLEXÃO:
As amarras ao mercado são sempre justificadas com boas intenções.
E terminam em servidão.

DIA 61 O Caráter Ético do Capitalismo

“O capitalismo recompensa a cooperação e o serviço.”

Palavra-chave:
Capitalismo

REFLEXÃO:
O lucro é a prova de que alguém resolveu o problema de outro.

DIA 62 Interesse próprio não é pecado

“O desejo de melhorar de vida move o mundo.”

Palavra-chave:
Interesse

REFLEXÃO:
Quando canalizado pelas forças do mercado, o interesse próprio serve ao bem comum. Não há conflito entre o que é bom para o indivíduo e o que beneficia a sociedade. Você enxerga dignidade na busca pelo progresso?

DIA 63 Impostos: O preço da obediência

"Impostos não são contribuições voluntárias."

Palavra-chave:
Impostos

REFLEXÃO:
Eles representam a coerção do Estado sobre o fruto do seu trabalho. O imposto é a renúncia forçada de uma parte daquilo que você conquistou.
Você percebe quanto de sua vida é apropriado antes mesmo de você escolher?

DIA 64 Os limites do conhecimento centralizado

"Nenhuma mente pode coordenar uma economia inteira."

Palavra-chave:
Conhecimento

REFLEXÃO:
A economia é um sistema vivo de milhões de decisões dispersas. Apenas o mercado livre consegue transmitir e agregar esse conhecimento.
Você confia mais em planejadores ou na sabedoria dispersa das trocas livres?

DIA 65 A verdadeira justiça social

"Justiça social é um conceito vazio, usado para justificar interferências arbitrárias"

Palavra-chave:
Justiça

REFLEXÃO:
Ela serve de desculpa para redistribuir à força o que foi conquistado voluntariamente. O resultado é a injustiça travestida de virtude.
Você exige igualdade de condições ou igualdade na liberdade?

DIA 66 A virtude do consumidor

"É o consumidor quem decide quem lucra e quem falha."

Palavra-chave:
Consumidor

REFLEXÃO:
Cada compra é um voto na economia. O empresário serve, não manda. O consumidor é soberano.
Você usa seu dinheiro como um voto consciente ou automático?

DIA 67 A ilusão da gratuidade

“Nada é realmente gratuito. Alguém sempre paga a conta.”

Palavra-chave:
Gratuidade

REFLEXÃO:
O que o governo oferece “de graça” foi tomado de alguém. Gratuidade estatal é redistribuição disfarçada.
Você questiona de onde vem o “milagre” da gratuidade?

DIA 68 A ética do capitalismo

“O capitalismo é baseado na cooperação voluntária, não na força.”

Palavra-chave:
Capitalismo

REFLEXÃO:
Trocar é consentir. No livre mercado, todos os lados precisam concordar. O capitalismo civiliza.
Você reconhece a moralidade no comércio livre?

DIA 69

O preço da liberdade

A liberdade exige responsabilidade individual.

Palavra-chave:
Responsabilidade

REFLEXÃO:
Não há liberdade sem o risco de errar e aprender com isso. Liberdade é também aceitar consequências.
Você aceita as consequências de ser livre?

DIA 70

O erro do coletivismo

O coletivo não sente, não escolhe, não age. Só o indivíduo o faz.

Palavra-chave:
Coletivismo

REFLEXÃO:
Falar em "vontade coletiva" é uma ficção conveniente para justificar o poder. Você confunde a maioria com a verdade?

DIA 71 A função do lucro

“O lucro é a recompensa por servir melhor ao consumidor.”

Palavra-chave:
Lucro

REFLEXÃO:
Lucro é o resultado de satisfazer desejos dos outros da forma mais eficiente. Você vê o lucro como exploração ou mérito?

DIA 72 A falácia do controle de preços

“Interferir nos preços destrói o mecanismo de coordenação do mercado.” — Ludwig von Mises, Intervenção Estatal.

Congelar preços é como tapar o termômetro durante a febre. O problema continua.

Palavra-chave:
Preço

REFLEXÃO:
Você entende que preços são sinais, não obstáculos?

DIA 73 O capital não é um inimigo

"O capital é um acumulado de trabalho poupado."

Palavra-chave:
Capital

REFLEXÃO:
Você trata o capital como vilão ou como alicerce da produtividade?

DIA 74 Escassez é condição, não defeito

"A escassez é a condição natural da existência humana."

Palavra-chave:
Escolhas

REFLEXÃO:
Só há economia porque há escassez. As escolhas são inevitáveis. Você culpa o mercado por não poder ter tudo?

DIA 75 A moralidade da troca

❝ *Trocar é reconhecer valor no outro.* ❞

Palavra-chave:
Troca

REFLEXÃO:
Cada troca pressupõe que ambos os lados saem ganhando. Você vê a troca como conflito ou cooperação?

DIA 76 A arrogância do planejador

❝ *O planejador central não pode saber o que milhões sabem.* ❞

Palavra-chave:
Planejamento

REFLEXÃO:
A presunção de conhecimento total é o erro trágico de toda economia dirigida. Você reconhece os limites do saber centralizado?

DIA 77 O tempo como recurso

❝ *O tempo é o recurso mais escasso de todos.* ❞

Palavra-chave:
Tempo

REFLEXÃO:
Cada decisão é também uma escolha de como usar seu tempo e não há como recuperá- lo.
Você administra seu tempo como administra seu dinheiro?

DIA 78 A dignidade do trabalho

❝ *O trabalho voluntário é expressão de liberdade.* ❞

Só quando há escolha o trabalho tem dignidade.

Palavra-chave:
Trabalho

REFLEXÃO:
Você distingue trabalho livre de servidão?

DIA 79 Inflação é um imposto oculto

"A inflação não é causada pelos preços, mas pela expansão da moeda."

Palavra-chave:
Inflação

REFLEXÃO:
Você culpa quem imprime ou quem vende?

DIA 80 O socialismo destrói incentivos

"O socialismo elimina o estímulo de produzir melhor."

Palavra-chave:
Incentivo

REFLEXÃO:
Se todos recebem igual, independentemente do esforço, o resultado é a mediocridade generalizada.
Você já se sentiu desmotivado por falta de reconhecimento?

DIA 81 Há uma diferença entre preço e valor

"O valor é subjetivo, o preço é o consenso."

Palavra-chave:
Valor

REFLEXÃO:
O que vale muito para um, pode valer nada para outro. Preço é a linguagem comum dessa subjetividade. Você entende que valor é sempre uma questão de perspectiva?

DIA 82 A virtude de poupar

"A poupança é o motor do investimento."

Palavra-chave:
Poupar

REFLEXÃO:
Sem poupança, não há crescimento. Consumir tudo hoje condena o amanhã. Você adia prazeres pelo bem de algo maior?

83 Economia é a ciência da escolha

A economia trata das ações humanas sob condições de escassez.

Palavra-chave:
Escolha

REFLEXÃO:
Você considera o que está abrindo mão ao escolher? Cada escolha implica renúncia. Economia é sobre custos invisíveis.

DIA 84 A ilusão do estado produtor

O governo não produz — ele apenas redistribui.

Palavra-chave:
Redistribuição

REFLEXÃO:
O que o Estado entrega foi antes tirado de outro lugar. Você espera do Estado o que só a iniciativa cria?

DIA 85 | A moralidade do lucro

“O lucro surge quando se prevê corretamente as necessidades dos outros.”

Palavra-chave:
Previsão

REFLEXÃO:
Lucro não é ganho indevido, é acerto de previsão.
Você percebe o lucro como sinal de serviço bem prestado?

DIA 86 | A função do empreendedor

“O empreendedor coordena recursos para satisfazer demandas futuras.”

Palavra-chave:
Empreendedor

REFLEXÃO:
Você admira quem corre riscos pelo progresso?

DIA 87 — A diferença entre direito e privilégio

“O direito é universal. O privilégio é concedido por força.”

Palavra-chave:
Privilégio

REFLEXÃO:
Toda vez que alguém é favorecido por lei, outro é desfavorecido. Você defende direitos ou privilégios?

DIA 88 — O perigo da maioria

“A maioria não tem direito de violar a liberdade do indivíduo.”

Palavra-chave:
Maioria

REFLEXÃO:
Democracia sem limites vira tirania da maioria.
Você acredita que números justificam opressão?

DIA 89

O caráter voluntário do mercado

“ *No mercado, ninguém obriga ninguém.* **”**

Palavra-chave:
Voluntariedade

REFLEXÃO:
Troca-se apenas quando ambas as partes julgam-se beneficiadas. Você vê o mercado como ambiente de exploração ou liberdade?

DIA 90

A verdadeira igualdade

“ *A única igualdade legítima é perante a lei.* **”**

Forçar resultados iguais destrói a liberdade.

Palavra-chave:
Igualdade

REFLEXÃO:
Você busca igualdade de oportunidades ou de resultados?

DIA 91 O preço é informação

❝ *O sistema de preços é o instrumento que coordena as ações dos indivíduos.* ❞

Palavra-chave:
Preço

REFLEXÃO:
Preço alto é sinal de escassez. Preço baixo, de abundância. Ignorar isso é destruir a bússola da economia.

DIA 92 Inovação não vem do Estado

❝ *O progresso não é planejado por comitês.* ❞

Palavra-chave:
Inovação

REFLEXÃO:
Invenções que mudam o mundo nascem da liberdade de criar e não de burocracias com carimbo.

DIA 93 O lucro é resultado

“Lucro é a recompensa por servir aos consumidores melhor do que outros.”

Palavra-chave:
Recompensa

REFLEXÃO:
Se o empresário lucra, é porque alguém está satisfeito. O problema é quando o lucro vem do Estado.

DIA 94 Economia é uma ciência humana

“A economia não lida com engrenagens, mas com pessoas.”

Palavra-chave:
Escolha

REFLEXÃO:
Reduzir a sociedade a gráficos é negar que humanos fazem escolhas.

DIA 95 A farsa da moeda inflada

“A inflação é uma forma de confisco.”

Palavra-chave:
Inflação

REFLEXÃO:
Quando imprimem moeda, não criam riquezas, apenas tiram valor do que você já tem.

DIA 96 Crença na política não é virtude

“Políticos não têm acesso a um conhecimento superior.”

Palavra-chave:
Autoridade

REFLEXÃO:
Delegar decisões à autoridade não é sabedoria.

DIA 97 | A função da concorrência

"A concorrência é a base do progresso."

Palavra-chave:
Concorrência

REFLEXÃO:
Sem concorrência, não há incentivo para melhorar. Há apenas acomodação e monopólio.

DIA 98 | Intervenções geram crises

"Cada intervenção gera novos problemas que exigem novas intervenções."

Palavra-chave:
Intervencionismo

REFLEXÃO:
O Estado entra para 'resolver' e sai deixando escombros.

DIA 99 Substituir o mercado é prepotência

"O planejador central se arroga para saber o que ninguém pode saber."

Palavra-chave:
Planejamento

REFLEXÃO:
Nem o mais inteligente dos homens pode substituir milhões de decisões individuais.

DIA 100 Liberdade é incerteza

"A liberdade implica risco. A servidão promete segurança."

Palavra-chave:
Liberdade

REFLEXÃO:
O preço da liberdade é o desconforto da escolha. Mas o custo da servidão é a alma.

DIA 101

O tempo é capital

“O fator tempo não pode ser ignorado na economia.”

Palavra-chave:
Tempo

REFLEXÃO:
Grandes projetos exigem paciência.

DIA 102

Gastar não é produzir

“O gasto público não cria riqueza.”

Palavra-chave:
Gasto

REFLEXÃO:
O governo só pode gastar o que tira de alguém e o faz com menos eficiência.

DIA 103 A servidão disfarçada

“Chamam de Estado de bem-estar, mas é bem-estar para o Estado.”

Palavra-chave:
Assistencialismo

REFLEXÃO:
Programas sociais não libertam. Tornam dependentes.

DIA 104 Planejamento forçado

“O planejamento central é o contrário da liberdade individual.”

Palavra-chave:
Planejamento

REFLEXÃO:
Quem planeja por você está decidindo contra você.

DIA 105 Liberdade não garante igualdade

“A igualdade forçada destrói a liberdade.”

Palavra-chave:
Igualdade

REFLEXÃO:
Só num cativeiro todos são iguais.

DIA 106 A ilusão do crédito farto

“O crédito fácil é o estopim do ciclo econômico.”

Palavra-chave:
Crédito

REFLEXÃO:
O dinheiro barato de hoje é a crise de amanhã.

DIA 107 Quem não produz, não distribui

“Antes de distribuir riqueza, é preciso produzi-la.”

Palavra-chave:
Produção

REFLEXÃO:
A justiça social sem trabalho é pura demagogia.

DIA 108 Progresso é desigual

“A civilização avança por meio da diferenciação, não da igualdade.”

Palavra-chave:
Desigualdade

REFLEXÃO:
Tentar padronizar os talentos humanos é matar a criatividade.

DIA 109 | O desprezo ao mercado

❝ *O ódio ao mercado é o ódio à liberdade de escolha.* ❞

Palavra-chave:
Mercado

REFLEXÃO:
Quem detesta o mercado deseja impor um plano, geralmente o *seu.*

DIA 110 | Toda crise tem raiz política

❝ *As crises econômicas são, quase sempre, resultado de decisões políticas erradas.* ❞

Palavra-chave:
Crise

REFLEXÃO:
A mão visível do Estado é a origem dos colapsos invisíveis.

DIA 111 Custo invisível

"O que é visto são os empregos públicos. O que não se vê são os empregos privados que não surgiram."

Palavra-chave:
Empregos

REFLEXÃO:
Cada real gasto pelo Estado foi desviado do investimento voluntário.

DIA 112 A mentira da moeda estável

"Não existe estabilidade quando o governo controla a moeda."

Palavra-chave:
Estabilidade

REFLEXÃO:
Moeda estatal é como gelo no sol: derrete pela inflação e pela desconfiança.

DIA 113 A liberdade é rara

"A história da humanidade é uma longa luta pela liberdade contra o poder."

Palavra-chave:
História

REFLEXÃO:
Liberdade nunca foi o padrão. É sempre a exceção.

DIA 114 Protecionismo é autoengano

"A tarifa alfandegária protege a ineficiência às custas do consumidor."

Palavra-chave:
Protecionismo

REFLEXÃO:
Defender o produtor à custa do comprador é jogar contra a prosperidade.

DIA 115 O Capital não cai do céu

O capital é formado por poupança, não por desejo.

Palavra-chave:
Capital

REFLEXÃO:
O que sustenta a economia é o sacrifício, não a demanda.

DIA 116 Liberdade de escolha é progresso

A economia de mercado respeita as escolhas dos consumidores.

Palavra-chave:
Escolha

REFLEXÃO:
Não é o empresário que comanda o mercado, mas quem compra.

DIA 117 | Economia não é mecânica

Modelos econômicos ignoram que os humanos pensam, sentem e erram.

Palavra-chave:
umanidade

REFLEXÃO:
Se o modelo prevê o futuro com exatidão, desconfie.

DIA 118 | A paz nasce da troca

O comércio cria harmonia de interesses.

Palavra-chave:
Comércio

REFLEXÃO:
Quem troca, não guerreia.

DIA 119

O preço do dinheiro falso

"A inflação é a ferramenta dos governos gastadores."

Palavra-chave:
Inflação

REFLEXÃO:
O governo que imprime dinheiro rouba sem deixar digitais.

DIA 120

A ditadura do bem

"O planejamento central inevitavelmente leva à tirania."

Palavra-chave:
Tirania

REFLEXÃO:
Quando decidem o que é melhor para você, a liberdade já foi embora.

DIA 121 Vontade popular não é verdade absoluta

A maioria pode errar tão gravemente quanto o tirano.

Palavra-chave:
Democracia

REFLEXÃO:
A liberdade não depende do número de votos, mas do limite ao poder.

DIA 122 Burocracia é antieconômica

A burocracia substitui o lucro pelo protocolo.

Palavra-chave:
Burocracia

REFLEXÃO:
Quando o processo vale mais que o resultado, a falência é garantida.

DIA 123 | O salto para o abismo

“A intervenção estatal cresce como bola de neve.”

Palavra-chave:
Regulações

REFLEXÃO:
Cada regulação cria novas distorções.

DIA 124 | A Propriedade é pilar

“O direito à propriedade é o fundamento de toda civilização.”

Palavra-chave:
Propriedade privada

REFLEXÃO:
Sem propriedade, não há liberdade.

DIA 125 | O consumo não move tudo

REFLEXÃO:
É preciso semear antes de colher.

"O consumo não cria produção; é a produção que permite o consumo."

Palavra-chave:
Semear

DIA 126 | O custo do coletivismo

REFLEXÃO:
No coletivo forçado, o indivíduo desaparece.

"Coletivismo significa o fim da individualidade."

Palavra-chave:
Individualidade

DIA 127 Intervenção é sombra da crise

REFLEXÃO:
O desastre de hoje é fruto do salvador de ontem.

❝ *As crises são frequentemente o resultado de políticas anteriores.* ❞

Palavra-chave:
Resultado

DIA 128 Inveja não é justiça

REFLEXÃO:
A redistribuição baseada na inveja apenas empobrece a todos.

❝ *A luta contra os ricos raramente beneficia os pobres.* ❞

Palavra-chave:
Inveja

DIA 129 O empresário é um servidor

O empresário serve ao consumidor, não o contrário.

Palavra-chave:
Servidor

REFLEXÃO:
O lucro é a resposta do cliente dizendo: "Gostei."

DIA 130 A liberdade é a escolha do risco

O preço da liberdade é a responsabilidade individual.

Palavra-chave:
Responsabilidade

REFLEXÃO:
Só é livre quem aceita o risco de errar.

DIA 131 Economia é ação

"A ação humana é sempre racional do ponto de vista de quem age."

Palavra-chave:
Ação

REFLEXÃO:
Não julgue escolhas alheias por seus próprios padrões.

DIA 132 Dinheiro não é neutro

"A manipulação monetária altera a estrutura produtiva"

Palavra-chave:
Neutralidade

REFLEXÃO:
Cada estímulo artificial de crédito afeta toda a economia.

DIA 133 O Estado é o maior monopólio

"Os verdadeiros monopólios são criados pelo governo."

Palavra-chave:
Monopólio

REFLEXÃO:
Concorrência forçada desaparece onde o Estado interfere.

DIA 134 O dilema da intervenção

"A intervenção estatal raramente fica onde começou."

Palavra-chave:
Intervencionismo

REFLEXÃO:
É mais fácil crescer o Leviatã que pará-lo.

DIA 135 O conhecimento disperso

"O mercado coordena o saber espalhado entre todos."

Palavra-chave:
Conhecimento

REFLEXÃO:
Planejar tudo do centro é ignorar o mundo real.

DIA 136 Preços não são arbitrários

"O preço reflete a valoração subjetiva das pessoas."

Palavra-chave:
Arbitrariedade

REFLEXÃO:
Fixar preços por decreto é como ordenar a maré.

DIA 137 Viver de estado é morrer com ele

“Quem depende do governo se torna escravo do governo.”

Palavra-chave:
Independência

REFLEXÃO:
Liberdade exige independência.

DIA 138 A escolha do indivíduo é sagrada

“Somente o indivíduo age. O coletivo é uma abstração.”

Palavra-chave:
Civilização

REFLEXÃO:
Cada pessoa é uma história. Respeitá-la é o primeiro passo da civilização.

DIA 139 | O erro da engenharia social

“O ser humano não é massa modelável ao gosto do governante.”

Palavra-chave:
Liberdade

REFLEXÃO:
As sociedades não são máquinas.
São tecidos de liberdade.

DIA 140 | A escassez é real

“Desejos são ilimitados, recursos não.”

Palavra-chave:
Desejos

REFLEXÃO:
Negar isso é negar a realidade.

DIA 141

O conhecimento não é centralizável

Ninguém possui todo o conhecimento necessário para planejar a economia.

Palavra-chave:
Planejamento

REFLEXÃO:
Quando o centro ignora a ponta, o desastre é inevitável.

DIA 142

O tempo é essencial

A preferência temporal molda as escolhas humanas.

Palavra-chave:
Tempo

REFLEXÃO:
O futuro só existe para quem abre mão do agora.

DIA 143 Política monetária é política de poder

O controle da moeda é o controle da economia.

Palavra-chave:
Política monetária

REFLEXÃO:
Quem emite o dinheiro manda na sua vida.

DIA 144 O mercado puni o engano

O empresário que erra, perde.

Palavra-chave:
Responsabilidade

REFLEXÃO:
Ao contrário do governo, o mercado cobra eficiência.

DIA 145

Nenhuma política supera o livre mercado

“O livre mercado é o processo de descoberta da verdade econômica.”

Palavra-chave:
Descoberta

REFLEXÃO:
Ele pode ser imperfeito, mas é insubstituível.

DIA 146

A ideologia destrutiva

“O socialismo é a destruição encenada como moralidade.”

Palavra-chave:
Resultados

REFLEXÃO:
Os resultados falam mais alto que as intenções.

DIA 147 Incentivos moldam comportamentos

"Quando se premia a ineficiência, ela se multiplica."

Palavra-chave:
Incentivos

REFLEXÃO:
O que você estimula, cresce.

DIA 148 O milagre da cooperação livre

"Milhões cooperam sem se conhecer graças ao mercado."

Palavra-chave:
Cooperação

REFLEXÃO:
A padaria da esquina depende de milhares de desconhecidos.

DIA 149 — O último reduto da liberdade

“O mercado é o único mecanismo pacífico de coordenação social.”

Palavra-chave:
Coordenação

REFLEXÃO:
Onde há mercado livre, há liberdade.

DIA 150 — Quando o bem vira pretexto

“As intenções não tornam uma política eficaz nem moral.”

Palavra-chave:
Moral

REFLEXÃO:
A estrada para a servidão é sempre pavimentada com boas intenções.

DIA 151 O estado como fabricante de pobreza

“O intervencionismo destrói capital e impede o progresso.”

Palavra-chave:
Progresso

REFLEXÃO:
Cada decreto que sufoca o empreendedor é um tijolo no muro da estagnação.

DIA 152 A ordem invisível

“O mercado livre gera ordem a partir da liberdade.”

Palavra-chave:
Ordem

REFLEXÃO:
O caos aparente da liberdade é mais organizado do que o controle central.

DIA 153 O preço da promessa

“*Prometer segurança em troca de liberdade é sempre uma troca injusta.*”

Palavra-chave:
Promessas

REFLEXÃO:
O Estado não pode proteger você de tudo sem primeiro desarmar você de si mesmo.

DIA 154 O estado como deus

“*Quando o governo é o provedor de tudo, ele também se torna o dono de tudo.*”

Palavra-chave:
Dependência

REFLEXÃO:
A dependência estatal é o novo cativeiro moderno.

DIA 155 — A crise não é do capitalismo

"O que chamam de falhas do capitalismo são, quase sempre, falhas da intervenção."

Palavra-chave:
Falhas

REFLEXÃO:
O livre mercado é frequentemente culpado por crimes que não cometeu.

DIA 156 — A inflação não é acidente

"A inflação é uma política, não uma fatalidade."

Palavra-chave:
inflação

REFLEXÃO:
Cada centavo que perde valor foi furtado com tinta e papel.

DIA 157 | O direito de escolher mal

A liberdade inclui o direito de errar.

Palavra-chave:
Autonomia

REFLEXÃO:
Proteger o indivíduo de seus erros é tratá-lo como incapaz.

DIA 158 | A virtude da poupança

A acumulação de capital é condição do progresso.

Palavra-chave:
Capital

REFLEXÃO:
Sem poupança, só há presente, e nenhum futuro.

DIA 159 | A regra da liberdade

"Liberdade econômica é o primeiro passo para toda liberdade."

Palavra-chave:
Escolhas

REFLEXÃO:
Quem não pode escolher como ganhar e gastar o que tem, não é livre.

DIA 160 | A moralidade do lucro

"O lucro é o sinal de que recursos foram bem usados."

Palavra-chave:
Recursos.

REFLEXÃO:
Demonizar o lucro é atacar a eficiência e premiar o desperdício.

DIA 161
O estado não é pai

“*O governo não deve substituir a responsabilidade pessoal.*”

Palavra-chave:
Maturidade

REFLEXÃO:
Um povo infantilizado é o paraíso dos tiranos.

DIA 162
A verdadeira justiça social

“*A única justiça é tratar todos igualmente perante a lei.*”

Palavra-chave:
Igualdade

REFLEXÃO:
‘Justiça social’ sem liberdade é privilégio disfarçado.

DIA 163 Não existe almoço grátis

“*O que o governo dá a uns, tirou de outros.*”

Palavra-chave:
Generosidade

REFLEXÃO:
Toda generosidade estatal tem um preço. E você já está pagando.

DIA 164 O conhecimento está nas pontas

“*Não se pode planejar uma sociedade como se ela fosse um tabuleiro.*”

Palavra-chave:
Vida

REFLEXÃO:
A vida humana não cabe em planilhas nem decretos.

DIA 165 — O desprezo pelo empresário

O empreendedor é vilipendiado enquanto carrega a sociedade nas costas.

Palavra-chave:
Ingratidão

REFLEXÃO:
Cuspir no prato onde se come virou esporte nacional.

DIA 166 — O valor do tempo

Preferência temporal molda as escolhas de poupar ou consumir.

Palavra-chave:
Sabedoria

REFLEXÃO:
Aprender a esperar é o começo da sabedoria econômica.

DIA 167 | A economia é ética aplicada

"A escolha econômica carrega sempre um julgamento de valor."

Palavra-chave:
Responsabilidade

REFLEXÃO:
Gastar com responsabilidade é um ato moral.

DIA 168 | O planejador também é humano

"O erro do socialismo é achar que o planejador é infalível."

Palavra-chave:
Falibilidade

REFLEXÃO:
O poder não purifica, só amplia o erro.

DIA 169

A arrogância do saber central

REFLEXÃO:
Toda tentativa de controle total acaba em opressão.

“*Não se pode comandar a vida humana do alto de uma torre.*”

Palavra-chave:
Presunção

DIA 170

O consumidor manda

REFLEXÃO:
O consumidor conduz a prosperidade.

“*No mercado, é o consumidor que decide quem prospera.*”

Palavra-chave:
Prosperar

DIA 171

O erro de controlar preços

❝ Fixar preços é como tentar legislar as leis da gravidade. ❞

Palavra-chave:
Artificialidade

REFLEXÃO:
O controle de preços sempre gera escassez ou desperdício.

DIA 172

A paz da liberdade

❝ O livre mercado é o único sistema econômico que não exige coerção. ❞

Palavra-chave:
Cooperação

REFLEXÃO:
Onde há liberdade, a cooperação substitui a violência.

DIA 173 O desafio da responsabilidade

❝ *A liberdade é insuportável para os que não querem responsabilidade.* ❞

Palavra-chave:
Responsabilidade

REFLEXÃO:
O fardo da escolha é o preço da dignidade.

DIA 174 A utopia do estado onipresente

❝ *Um Estado que tenta fazer tudo, acaba destruindo tudo.* ❞

Palavra-chave:
Excesso

REFLEXÃO:
O excesso de zelo sufoca a vida.

DIA 175 O valor não é objetivo

"O que é valioso depende de quem avalia."

Palavra-chave:
Preferências

REFLEXÃO:
Não existem bens caros. Existem preferências diferentes.

DIA 176 Política e economia são inseparáveis

"A liberdade política depende da liberdade econômica."

Palavra-chave:
Liberdade

REFLEXÃO:
Não há votos livres sem bolso livre.

DIA 177 | A ação humana é imponderável

"A economia é uma ciência da ação humana, não da estatística."

Palavra-chave:
Economia

REFLEXÃO:
Números ignoram a alma.

DIA 178 | O erro do igualitarismo

"A tentativa de nivelar resulta em nivelamento por baixo."

Palavra-chave:
Igualitarismo

REFLEXÃO:
A igualdade imposta é inimiga do mérito.

DIA 179 | A missão do economista

O economista é o guardião do realismo contra as promessas fáceis.

Palavra-chave:
Missão

REFLEXÃO:
Dizer 'não' ao populismo é sua maior coragem.

DIA 180 | O estado é força, não caridade

O Estado é essencialmente uma instituição de coerção.

Palavra-chave:
Coerção

REFLEXÃO:
Toda bondade estatal vem com uma arma escondida.

DIA 181 A sabedoria da ação livre

REFLEXÃO:
Só o livre mercado admite que errou.

“*A liberdade não garante perfeição, mas permite correção.*”

Palavra-chave:
Aprendizado

DIA 182 A guerra contra o lucro

REFLEXÃO:
Nenhuma invenção foi movida por ódio ao lucro.

“*Combater o lucro é combater o progresso.*”

Palavra-chave:
Progresso

DIA 183 | A escravidão do planejamento

❝ *O planejamento central é inimigo da espontaneidade.* ❞

Palavra-chave:
Espontaneidade

REFLEXÃO:
O ser humano não cabe em esquemas pré-prontos.

DIA 184 | O sinal da escassez

❝ *O preço é um instrumento de comunicação.* ❞

Palavra-chave:
Sinalização

REFLEXÃO:
Quando o governo distorce o preço, silencia o aviso.

DIA 185

A utopia da igualdade forçada

A igualdade absoluta só pode ser imposta por tirania.

Palavra-chave:
Utopia

REFLEXÃO:
O preço da igualdade forçada é a liberdade perdida.

DIA 186

A realidade do custo

Nada é verdadeiramente gratuito.

Palavra-chave:
Ilusão

REFLEXÃO:
Até a ilusão tem um preço.

DIA 187 O estado não é onisciente

"Nem o mais sábio dos planejadores pode conhecer todas as variáveis."

Palavra-chave:
Planejar

REFLEXÃO:
O que o mercado sabe, nenhum cérebro sozinho consegue captar.

DIA 188 A mística da política

"O político não tem poderes mágicos, apenas redistribui."

Palavra-chave:
Redistribuição

REFLEXÃO:
Onde há milagre estatal, há prejuízo escondido.

DIA 189

O consumo sustenta a produção

“*O consumidor é soberano no mercado.*”

Palavra-chave:
Soberania

REFLEXÃO:
O bilhete mais poderoso é aquele que você entrega no caixa.

DIA 190

O empreendedor é o herói silencioso

“*O empreendedor é o agente do progresso.*”

Palavra-chave:
Coragem

REFLEXÃO:
Quem empreende tem em mãos a chave da mudança.

DIA 191 | O conhecimento é local

"A economia centralizada ignora o saber distribuído."

Palavra-chave:
Vivência

REFLEXÃO:
Um padeiro sabe mais sobre pão do que qualquer ministro da economia.

DIA 192 | O medo da liberdade

"Muitos temem a liberdade porque ela exige responsabilidade."

Palavra-chave:
Responsabilidade

REFLEXÃO:
É mais fácil ser servo do que ser livre.

DIA 193 A moral do mercado

"O mercado premia a cooperação pacífica."

Palavra-chave:
Cooperação

REFLEXÃO:
Trocar é mais civilizado que mandar.

DIA 194 A ilusão do controle

"Controlar tudo é controlar mal."

Palavra-chave:
Controle

REFLEXÃO:
Quanto mais o Estado tenta regular, mais distorce.

DIA 195 — O estado sempre exagera

"Quando pode escolher, o Estado sempre escolhe mais."

Palavra-chave:
Exageros

REFLEXÃO:
O poder tende a expandir-se como erva daninha.

DIA 196 — A revolta contra o real

"Muitos odeiam a economia porque ela frustra desejos."

Palavra-chave:
Frustração

REFLEXÃO:
A realidade não cede aos caprichos.

DIA 197 | A verdade é inconveniente

❝ A ciência econômica é impopular porque expõe limites. ❞

Palavra-chave:
Limites

REFLEXÃO:
Nem tudo que se deseja pode ser feito e a economia nos lembra disso.

DIA 198 | A falácia da boa intenção

❝ A intenção não muda os efeitos de uma ação. ❞

Palavra-chave:
Efeitos

REFLEXÃO:
Bons sentimentos não compensam más consequências.

DIA 199 O caminho é a liberdade

A única alternativa ao caos é a liberdade ordenada do mercado.

Palavra-chave:
Ordem

REFLEXÃO:
A ordem natural brota da liberdade, não da coerção.

DIA 200 A inflação é roubo

Imprimir dinheiro é confiscar riqueza.

Palavra-chave:
Desvalorização

REFLEXÃO:
Chamam de política monetária, mas é furto autorizado.

DIA 201 O político como ilusionista

"O político promete o impossível com o dinheiro alheio."

Palavra-chave:
Promessas

REFLEXÃO:
Para ganhar votos, eles prometem até a própria casa. Quando eleitos, tiram sua morada.

DIA 202 A política da inveja

"O igualitarismo nasce da inveja, não da justiça."

Palavra-chave:
Inveja

REFLEXÃO:
Não querem subir, querem derrubar quem está acima.

DIA 203 | O papel da propriedade

“ *Sem propriedade, não há liberdade.* ”

Palavra-chave:
Autonomia

REFLEXÃO:
A chave da sua casa é a chave da sua autonomia.

DIA 204 | A ordem não se impõe

“ *A verdadeira ordem é consequência da liberdade.* ”

Palavra-chave:
Imposições

REFLEXÃO:
Quanto mais livre, mais harmoniosa é a sociedade.

DIA 205 O custo da dependência

REFLEXÃO:
A mão que oferece pão pode amanhã fechar o punho.

“Cada serviço 'gratuito' aumenta a servidão.”

Palavra-chave:
Submissão

DIA 206 A crítica não é cinismo

REFLEXÃO:
O cético mantém a liberdade viva.

“Questionar o Estado é um dever, não uma desconfiança doentia.”

Palavra-chave:
Vigilância

DIA 207 | O caminho da servidão é suave

"A tirania chega com promessas e boas intenções."

Palavra-chave:
Tirania.

REFLEXÃO:
O tirano se disfarça. Cuidado.

DIA 208 | A liberdade requer coragem

"Poucos desejam ser realmente livres."

Palavra-chave:
Coragem

REFLEXÃO:
A liberdade assusta mais do que a prisão confortável.

DIA 209 O estado é um fardo

O governo nada produz, apenas consome.

Palavra-chave:
Parasitismo

REFLEXÃO:
Ele vive do seu suor, mesmo quando promete alívio.

DIA 210 O desejo de mandar

O impulso de planejar para os outros nasce do desejo de dominar.

Palavra-chave:
Dominação

REFLEXÃO:
Quem quer decidir sua vida por você, não quer ajudá-lo. Quer controlá-lo.

DIA 211 | A tradição da liberdade

REFLEXÃO:
Onde há propriedade e livre troca, floresce a civilização.

"A liberdade econômica foi a base do florescimento ocidental."

Palavra-chave:
Legado

DIA 212 | A impotência dos decretos

REFLEXÃO:
Nem mil páginas de decreto anulam a escassez.

"O governo pode promulgar leis, mas não pode mudar leis da economia."

Palavra-chave:
Limitação

DIA 213 O julgamento do mercado

“No mercado, o julgamento vem de milhões de pessoas, não de um comitê.”

Palavra-chave:
Escolha

REFLEXÃO:
A democracia do bolso é mais justa que a das urnas.

DIA 214 O espírito empresarial

“O empreendedor transforma o futuro com base em sua visão.”

Palavra-chave:
Iniciativa

REFLEXÃO:
Sem visão, o mundo permanece imóvel.

DIA 215 | A mentira da estabilidade

"A estabilidade de preços não é mais natural que a estabilidade do clima."

Palavra-chave:
Mudança

REFLEXÃO:
O dinamismo do mercado não é falha, é vida.

DIA 216 | A religião do estado

"O estatismo substituiu Deus pelo governo."

Palavra-chave:
Idolatria

REFLEXÃO:
O altar mudou, mas o culto continua.

DIA 217 — A lógica do lucro

“O lucro indica onde estão as necessidades humanas não satisfeitas.”

Palavra-chave:
Sinalização

REFLEXÃO:
Onde há lucro,
há valor entregue.

DIA 218 — O capital é vida

“O capital é economia de tempo e vida preservada.”

Palavra-chave:
Acúmulo

REFLEXÃO:
Quem destrói o capital,
destrói o tempo acumulado dos
que trabalharam.

DIA 219 | O fascínio pelo coletivo

❝ *Muitos sacrificam o indivíduo em nome de um 'bem comum' abstrato.* ❞

Palavra-chave:
Indivíduo

REFLEXÃO:
Quando o 'nós' atropela o 'eu', nasce a tirania.

DIA 220 | A prática do livre mercado

❝ *O mercado é o único mecanismo de coordenação pacífica entre os homens.* ❞

Palavra-chave:
Mecanismo

REFLEXÃO:
Nenhum governo precisa impor quando se pode trocar.

DIA 221 O fetiche da regulamentação

“*Regulamentar é suspeitar previamente da liberdade.*”

Palavra-chave:
Controle

REFLEXÃO:
Quem regula em excesso, confessa seu medo da autonomia.

DIA 222 O pobre é o mais prejudicado

“*A intervenção estatal prejudica sobretudo os mais vulneráveis.*”

Palavra-chave:
Desequilíbrio

REFLEXÃO:
O Estado contorna a lei; o pobre paga a conta.

DIA 223 | A economia não é engenharia

"O economista que se vê como engenheiro transforma pessoas em peças."

Palavra-chave:
Humanidade

REFLEXÃO:
Seres humanos não cabem em projetos de marcenaria social.

DIA 224 | A servidão voluntária

"Muitos escolhem a servidão quando a liberdade exige esforço."

Palavra-chave:
Migalhas

REFLEXÃO:
Trocam autonomia por migalhas com logotipo estatal.

DIA 225 | A verdade é revolucionária

"Em tempos de ilusão, afirmar que o governo é o problema é um ato de coragem."

Palavra-chave:
Despertar

REFLEXÃO:
A lucidez parece rebelião quando todos dormem.

DIA 226 | O perigo da ignorância econômica

"O maior inimigo da liberdade é o desconhecimento de suas bases."

Palavra-chave:
Educação

REFLEXÃO:
Uma sociedade que ignora economia vota em sua própria ruína.

DIA 227 | O preço da bondade estatal

REFLEXÃO:
Solidariedade com dinheiro alheio é fácil.

"A caridade compulsória é apenas extorsão disfarçada."

Palavra-chave:
Engano

DIA 228 | A economia é ética aplicada

REFLEXÃO:
O lucro só vem de quem entrega algo de valor.

"O livre mercado recompensa quem serve melhor ao outro."

Palavra-chave:
Ética

DIA 229

O inimigo da liberdade

O maior inimigo da liberdade não é o tirano, mas o conformista.

Palavra-chave:
Conformismo

REFLEXÃO:
A passividade abre a porta ao despotismo.

DIA 230

Incompatibilidade entre liberdade e socialismo

O socialismo destrói os fundamentos da sociedade livre.

Palavra-chave:
Incompatibilidade

REFLEXÃO:
Você pode escolher igualdade forçada — ou liberdade. Nunca ambos.

DIA 232 A ordem do mercado

REFLEXÃO:
Onde o governo intervém, desorganiza.

“O mercado é uma ordem espontânea que emerge da ação humana.”

Palavra-chave:
Ordem.

DIA 233 A arrogância dos planejadores

REFLEXÃO:
Quem dita preços, dita destinos.

“Planejar a economia é planejar a vida alheia.”

Palavra-chave:
Arrogância

DIA 233 | A ilusão do dinheiro farto

Imprimir dinheiro não cria riqueza.

Palavra-chave:
Ilusão

REFLEXÃO:
Se bastasse rodar a impressora, o mundo seria rico.

DIA 234 | A regra dos incentivos

As pessoas respondem a incentivos, não a discursos.

Palavra-chave:
Realismo

REFLEXÃO:
Se quer mudar comportamentos, mude os incentivos, não as intenções.

DIA 235 Responsabilidade é individual

"O coletivo não age. Apenas o indivíduo age."

Palavra-chave:
Coletivo

REFLEXÃO:
A multidão não responde por seus erros. O indivíduo, sim.

DIA 236 O desprezo pela realidade

"O intervencionista ignora os limites naturais da escassez."

Palavra-chave:
Escassez

REFLEXÃO:
Quem despreza os fatos acaba sufocado por eles.

DIA 237 | A esperança na liberdade

"Só a liberdade permite progresso verdadeiro."

Palavra-chave:
Avanços

REFLEXÃO:
Tudo que avançamos foi pela coragem de ser livre.

DIA 238 | O estado é um mito perigoso

"O governo é apenas homens armados impondo vontades."

Palavra-chave:
Desencanto

REFLEXÃO:
Por trás do brasão, sempre há um bastão.

DIA 239 | A liberdade não é automática

Cada geração deve lutar por sua liberdade.

Palavra-chave:
Vigilância

REFLEXÃO:
O preço da liberdade é a eterna vigilância.

DIA 240 | A escolha da vida

A economia é a ciência das escolhas diante da escassez.

Palavra-chave:
Escolha

REFLEXÃO:
Viver é decidir o que abrir mão para alcançar o que se quer.

DIA
241

A função do dinheiro

O dinheiro é o meio universal de troca e cálculo econômico.

Palavra-chave:
Dinheiro

REFLEXÃO:
Sem dinheiro, a complexidade da vida econômica seria impossível.

DIA
242

A aversão à perda

As pessoas valorizam mais evitar perdas do que ganhar equivalentes.

Palavra-chave:
Decisões

REFLEXÃO:
A psicologia humana influencia as decisões econômicas mais do que se imagina.

DIA 243 | O perigo do socialismo

“O socialismo elimina os incentivos para a produção e a inovação.”

Palavra-chave:
Incentivos

REFLEXÃO:
Sem incentivos, a escassez se agrava e o progresso para.

DIA 244 | A ordem espontânea

“A ordem social não precisa ser planejada, ela surge das interações humanas.”

Palavra-chave:
Ordem espontânea

REFLEXÃO:
O caos aparente do mercado é, na verdade, uma ordem complexa.

DIA 245 | A falácia da igualdade forçada

"A igualdade forçada pelo Estado é a negação da liberdade individual."

Palavra-chave:
Liberdade

REFLEXÃO:
Igualdade real nasce da liberdade, não da coerção.

DIA 246 | O valor do conhecimento

"O conhecimento está disperso e não pode ser centralizado."

Palavra-chave:
Conhecimento

REFLEXÃO:
Só o mercado consegue usar o conhecimento fragmentado para coordenar ações.

DIA 247

A importância do capital

O capital é o resultado da poupança e da previsão futura.

Palavra-chave:
Futuro

REFLEXÃO:
Destruir o capital é atrasar o desenvolvimento econômico.

DIA 248

A desconfiança no estado

O Estado não é um agente neutro; tem seus próprios interesses.

Palavra-chave:
Ceticismo

REFLEXÃO:
A vigilância cidadã é fundamental para conter o poder estatal.

DIA 249 O caminho do progresso

“O progresso econômico depende da liberdade e da propriedade privada.”

Palavra-chave:
Progresso

REFLEXÃO:
Sem esses pilares, toda civilização declina.

DIA 250 A liberdade de escolha

“O livre mercado respeita a diversidade das preferências humanas.”

Palavra-chave:
Diversidade

REFLEXÃO:
A coerção uniforme destrói a riqueza da pluralidade.

DIA 251 | O papel do empreendedor

“O empreendedor é o agente da mudança e da inovação.”

Palavra-chave:
Inovação

REFLEXÃO:
Sem ele, a economia seria estática e decadente.

DIA 252 | A realidade da escassez

“A escassez é a condição humana fundamental.”

Palavra-chave:
Realidade

REFLEXÃO:
Reconhecê-la é o primeiro passo para administrar recursos.

DIA 253 | A ilusão do controle

“O planejamento centralizado ignora a complexidade da economia.”

Palavra-chave:
Limitações

REFLEXÃO:
Nenhum planejador tem conhecimento suficiente para dirigir o mercado.

DIA 254 | Responsabilidade individual

“A liberdade implica responsabilidade pessoal pelos próprios atos.”

Palavra-chave:
Responsabilidade

REFLEXÃO:
Sem responsabilidade, a liberdade degenera em caos.

DIA 255 | A relação entre liberdade e prosperidade

"A prosperidade acompanha a liberdade econômica."

Palavra-chave:
Pobreza

REFLEXÃO:
Onde falta liberdade, a pobreza é regra.

DIA 256 | Socialismo

"A pior coisa que pode acontecer a um socialista é ter seu país governado por socialistas que não são seus amigos."

Palavra-chave:
Amigos

REFLEXÃO:
O socialista ama o socialismo… desde que ele não faça parte.

DIA 257 | O papel da concorrência

"A concorrência estimula a eficiência e a inovação."

Palavra-chave:
Concorrência

REFLEXÃO:
Sem competição, o mercado apodrece.

DIA 258 | O estado e a liberdade econômica

"O Estado deve proteger, não sufocar a liberdade econômica."

Palavra-chave:
Limites

REFLEXÃO:
O excesso de intervenção mata a iniciativa.

DIA 259 — O custo das intervenções

"As intervenções geram distorções e desperdício."

Palavra-chave:
Distorções

REFLEXÃO:
O preço da intervenção é pago por todos, especialmente os pobres.

DIA 261 — A verdadeira natureza do dinheiro

"O dinheiro é um meio de cooperação social."

Palavra-chave:
Confiança

REFLEXÃO:
Sem confiança no dinheiro, toda a economia desmorona.

DIA 261 | O desafio da poupança

❝ *A poupança é essencial para o crescimento econômico.* ❞

Palavra-chave:
Futuro

REFLEXÃO:
Gastar tudo hoje é sacrificar o amanhã.

DIA 262 | A sabedoria do mercado

❝ *"O mercado é um processo de descoberta constante.* ❞

Palavra-chave:
Descoberta

REFLEXÃO:
Sempre há algo novo para aprender e ajustar.

DIA 263 | A dignidade do trabalho

"O trabalho é a fonte da riqueza."

Palavra-chave:
Riqueza

REFLEXÃO:
Valorizar o trabalho é valorizar a humanidade.

DIA 264 | O mito da igualdade econômica

"A igualdade econômica absoluta é impossível e indesejável."

Palavra-chave:
Desigualdade

REFLEXÃO:
A diversidade de talentos e escolhas gera desigualdade natural.

DIA 265 A liberdade é frágil

"A liberdade precisa ser protegida constantemente."

Palavra-chave:
Vigilância

REFLEXÃO:
Quem descuida, perde-a rapidamente.

DIA 266 O estado e a moralidade

"O Estado não pode substituir a consciência moral do indivíduo."

Palavra-chave:
Moralidade

REFLEXÃO:
Quem tem mandado em sua consciência?

DIA 267 A importância da educação

"A educação econômica é a base para uma sociedade livre."

Palavra-chave:
Educação

REFLEXÃO:
Sem conhecimento,
a liberdade é vulnerável.

DIA 268 O valor da competição

"A competição é a força que aprimora o mercado."

Palavra-chave:
Competição

REFLEXÃO:
Ela promove o progresso e o benefício coletivo.

DIA 269

A escolha da liberdade

"A liberdade é uma escolha diária, não um dado."

Palavra-chave:
Escolha

REFLEXÃO:
É preciso esforço constante para manter-se livre.

DIA 270

A importância do livre mercado

"O livre mercado é o palco onde se manifestam as escolhas humanas."

Palavra-chave:
Livre mercado

REFLEXÃO:
Sem liberdade de escolha, a economia perde seu dinamismo.

DIA 271 | O erro do protecionismo

“O protecionismo prejudica o consumidor e favorece poucos.”

Palavra-chave:
Protecionismo

REFLEXÃO:
Barreiras artificiais limitam o progresso e encarecem a vida.

DIA 272 | O valor do intercâmbio

“O comércio voluntário cria riqueza para todas as partes.”

Palavra-chave:
Comércio

REFLEXÃO:
Quem vende atrai riqueza.

DIA 273 A necessidade da poupança

"A poupança viabiliza investimentos e desenvolvimento."

Palavra-chave:
Investimento

REFLEXÃO:
O futuro depende do que guardamos hoje.

DIA 274 O risco da inflação

"A inflação corrói o poder de compra e cria injustiças."

Palavra-chave:
Inflação

REFLEXÃO:
Moeda estável é pilar da economia saudável.

DIA 275 | A essência da ação humana

"A ação humana é sempre intencional e dirigida a fins."

Palavra-chave:
Ação

REFLEXÃO:
Cada decisão é um passo rumo a um objetivo.

DIA 276 | A falha do planejamento central

"O planejamento central ignora a complexidade dos desejos humanos."

Palavra-chave:
Planejamento

REFLEXÃO:
A economia planejada é uma utopia irrealizável.

DIA 277

Responsabilidade social pela liberdade

A liberdade econômica é um bem social que deve ser protegido.

Palavra-chave:
Responsabilidade

REFLEXÃO:
A sociedade ganha quando o indivíduo é livre.

DIA 278

A verdadeira função do governo

O governo existe para proteger direitos, não para controlar a economia.

Palavra-chave:
Limites

REFLEXÃO:
Limites claros evitam abusos e corrupções.

DIA 279 O papel da inovação

A inovação surge da liberdade para experimentar e errar.

Palavra-chave:
Criatividade

REFLEXÃO:
Sem liberdade,
a criatividade morre.

DIA 280 A importância da confiança

A confiança é o cimento das relações econômicas.

Palavra-chave:
Confiança

REFLEXÃO:
Sem confiança,
o mercado paralisa.

DIA 281 | O valor da competência

A competência é fundamental para o sucesso econômico.

Palavra-chave:
Competência

REFLEXÃO:
Educação e experiência constroem competência.

DIA 282 | A natureza da moeda

O dinheiro é o resultado da evolução social, não de imposição.

Palavra-chave:
Moeda

REFLEXÃO:
Tentativas artificiais de controle do dinheiro fracassam.

DIA 283 | A defesa da propriedade

"A proteção da propriedade é a base da liberdade."

Palavra-chave:
Propriedade

REFLEXÃO:
Sem propriedade garantida, não há incentivos.

DIA 284 | O perigo do populismo

"O populismo sacrifica a economia em nome do imediatismo."

Palavra-chave:
Imediatismo

REFLEXÃO:
A demagogia é inimiga do progresso.

DIA 285 O valor do trabalho duro

“O trabalho é fonte de dignidade e riqueza.”

Palavra-chave:
Trabalho

REFLEXÃO:
Valorizar o esforço é valorizar a vida.

DIA 286 A importância da liberdade acadêmica

“A liberdade no pensamento é fundamental para a ciência e a economia.”

Palavra-chave:
Liberdade acadêmica

REFLEXÃO:
Censura destrói conhecimento e inovação.

DIA 287 | A natureza da demanda

REFLEXÃO:
Respeitar a demanda é respeitar o indivíduo.

"A demanda reflete as preferências subjetivas dos indivíduos."

Palavra-chave:
Demanda

DIA 288 | A essência da competição

REFLEXÃO:
A estagnação nasce da falta de competição.

"A competição promove a melhoria contínua."

Palavra-chave:
Estagnação

DIA 289 O papel dos juros

"Os juros equilibram o presente e o futuro."

Palavra-chave:
Juros

REFLEXÃO:
Juros refletem a preferência temporal dos agentes.

DIA 290 A liberdade como valor

"A liberdade não é apenas um meio, mas um valor em si."

Palavra-chave:
Valor

REFLEXÃO:
Preservá-la é um dever moral.

DIA 291 | O valor da ética

“A ética orienta a ação econômica para o bem comum.”

Palavra-chave:
Ética

REFLEXÃO:
A economia sem ética é destrutiva.

DIA 292 | O custo do estado

“O Estado excessivo é um fardo para a economia.”

Palavra-chave:
Fardo

REFLEXÃO:
Menos Estado pode significar mais prosperidade.

DIA 293 — A importância da liberdade religiosa

“A liberdade religiosa é parte da liberdade humana integral.”

Palavra-chave:
Liberdade religiosa

REFLEXÃO:
Respeitar crenças é respeitar a dignidade.

DIA 294 — A função dos preços

“Os preços transmitem informações essenciais ao mercado.”

Palavra-chave:
Preços

REFLEXÃO:
Interferir nos preços cria distorções prejudiciais.

DIA 295

A realidade da escassez

A escassez limita todas as ações humanas.

Palavra-chave:
Escassez

REFLEXÃO:
Aceitar a escassez é agir com realismo.

DIA 296

A importância da propriedade intelectual

A propriedade intelectual protege a inovação.

Palavra-chave:
Propriedade intelectual

REFLEXÃO:
Incentivar a criação é incentivar o progresso.

DIA 297

O papel da economia no bem-estar

"A economia é um meio para melhorar a vida humana."

Palavra-chave:
Bem-estar

REFLEXÃO:
Nunca esquecer que o centro é o ser humano.

DIA 298

A fragilidade da liberdade

"A liberdade pode ser perdida rapidamente, mas conquistada com esforço."

Palavra-chave:
Fragilidade

REFLEXÃO:
Vigilância constante é necessária.

DIA 299 | A alegria da criação

O ato de criar é a expressão máxima da liberdade.

Palavra-chave:
Criação

REFLEXÃO:
Criar é libertar-se das limitações.

DIA 300 | O peso do estado intervencionista

A intervenção estatal não elimina os problemas; ela os transfere e frequentemente os agrava.

Palavra-chave:
Distorção

REFLEXÃO:
Intervenção gera distorções e efeitos colaterais não intencionais.

DIA 301 | Autossuficiência é uma ilusão

"A autossuficiência econômica é um retrocesso à barbárie."

Palavra-chave:
Autossuficiência

REFLEXÃO:
Especialização e trocas livres nos conduzem à prosperidade.

DIA 302 | O desprezo pela economia

"O desprezo pela economia não isenta ninguém das consequências da má gestão."

Palavra-chave:
Consciência

REFLEXÃO:
Ignorar princípios econômicos cobra um preço alto.

DIA 303 — A distinção entre capitalismo e corporativismo

"O verdadeiro capitalismo é concorrência, não privilégio."

Palavra-chave:
Privilégio

REFLEXÃO:
Favorecer empresas à custa do consumidor é traição ao livre mercado.

DIA 304 — A humildade na ciência econômica

"O economista precisa ser humilde diante da complexidade dos fenômenos humanos."

Palavra-chave:
Humildade

REFLEXÃO:
Modelos nunca substituem a realidade viva.

DIA 305 O motor da prosperidade

"A motivação do lucro é o motor da civilização material."

Palavra-chave:
Lucro

REFLEXÃO:
Onde há lucro legítimo, há valor entregue.

DIA 306 O socialismo como utopia

"O socialismo promete o paraíso, mas entrega a escassez."

Palavra-chave:
Utopia

REFLEXÃO:
Boas intenções não garantem bons resultados.

DIA 307

O valor da liberdade individual

"A sociedade livre é construída sobre o respeito pela individualidade."

Palavra-chave:
Progresso

REFLEXÃO:
Nenhum progresso é sustentável sem liberdade pessoal.

DIA 308

A eficácia do sistema de preços

"O sistema de preços é o mais eficaz mecanismo de coordenação já concebido."

Palavra-chave:
Linguagem.

REFLEXÃO:
Intervencionismo destrói a linguagem do mercado.

DIA 309 | O erro das boas intenções

A pior política econômica é feita com as melhores intenções.

Palavra-chave:
Disfarces.

REFLEXÃO:
Cuidado com os lobos vestidos em pele de cordeiro.

DIA 310 | A prosperidade é um processo

A riqueza não surge por decreto, mas por ação humana coordenada.

Palavra-chave:
Valor

REFLEXÃO:
Políticas não criam valor, pessoas criam.

DIA 311 A economia e a moralidade

“A ordem espontânea da economia é compatível com a moralidade.”

Palavra-chave:
Moralidade

REFLEXÃO:
O livre mercado recompensa o serviço ao próximo.

DIA 312 O incentivo à inovação

“O mercado livre premia quem inova, arrisca e serve melhor.”

Palavra-chave:
Inovação

REFLEXÃO:
O lucro é o eco do mérito.

DIA 313 A realidade dos recursos escassos

"Os desejos humanos são infinitos, mas os recursos, finitos."

Palavra-chave:
Limites

REFLEXÃO:
A economia é a arte de lidar com limites.

DIA 314 A ordem espontânea

"A liberdade gera ordem, não caos."

Palavra-chave:
Ordem

REFLEXÃO:
Sistemas livres se autorregulam.

DIA 315 A intervenção e o ciclo vicioso

“Uma intervenção leva à próxima; é um ciclo vicioso que mina a liberdade.”

Palavra-chave:
Ciclos

REFLEXÃO:
Cuidado com repetições e exceções.

DIA 316 O juros e a preferência temporal

“Os juros expressam o valor do tempo nas escolhas humanas.”

Palavra-chave:
Tempo

REFLEXÃO:
O futuro é sempre descontado no presente.

DIA 317 A tributação excessiva

REFLEXÃO:
Incentivos errados destroem economias.

Tributar demais é punir o esforço produtivo.

Palavra-chave:
Punições

DIA 318 O livre arbítrio econômico

REFLEXÃO:
A liberdade sem responsabilidade é ilusória.

O homem é livre para escolher e arcar com as consequências.

Palavra-chave:
Responsabilidade

DIA 319 O perigo da moeda manipulada

“A manipulação da moeda é uma das formas mais dissimuladas de expropriação.”

Palavra-chave:
Manipulação

REFLEXÃO:
A inflação é um imposto sem lei.

DIA 320 O papel da desigualdade

“A desigualdade natural incentiva o progresso, quando acompanhada da mobilidade.”

Palavra-chave:
Desigualdade

REFLEXÃO:
Igualdade forçada destrói a criatividade.

DIA 321 O dinamismo dos preços

REFLEXÃO:
Tentativas de congelar preços congelam a verdade.

“Preços flutuantes refletem informações em constante mutação.”

Palavra-chave:
Dinamismo

DIA 322 A incerteza é intrínseca

REFLEXÃO:
Previsões absolutas são ilusões reconfortantes.

“O futuro é incerto porque é moldado pelas escolhas humanas.”

Palavra-chave:
Incerteza

DIA 323 | A economia e a liberdade de expressão

REFLEXÃO:
Toda tirania começa silenciando ideias.

❝ *Sem liberdade para pensar e dizer, não há liberdade para agir.* ❞

Palavra-chave:
Expressão

DIA 324 | O sofrimento no coletivismo

REFLEXÃO:
O real tem nome, rosto e necessidades.

❝ *O coletivismo sacrifica o indivíduo no altar do abstrato.* ❞

Palavra-chave:
Coletivismo

DIA 325 | A relevância dos empreendedores

O empreendedor é o herói silencioso do progresso econômico.

Palavra-chave:
Herói

REFLEXÃO:
Inovar é correr riscos por todos.

DIA 326 | A ilusão da neutralidade estatal

O Estado não é neutro: ele favorece sempre algum grupo.

Palavra-chave:
Beneficios

REFLEXÃO:
Toda regulação tem um beneficiado.

DIA 327

A política como risco permanente

"O governo cresce onde a vigilância enfraquece."

Palavra-chave:
Política

REFLEXÃO:
O preço da liberdade é a eterna atenção.

DIA 328

O mérito como critério

"O mérito, não o favoritismo, deve decidir quem prospera."

Palavra-chave:
Mérito

REFLEXÃO:
O justo é permitir que cada um prove seu valor.

DIA 229

O legado da liberdade econômica

Somente onde há liberdade econômica pode florescer a civilização.

Palavra-chave:
História

REFLEXÃO:
A história da liberdade é a história da humanidade.

DIA 330

O estado e a doutrina do bem-estar

O Estado não pode dar nada que não tenha tomado antes de alguém.

Palavra-chave:
Redistribuição

REFLEXÃO:
A ideia de bem-estar financiado pelo governo é um mito de redistribuição coercitiva.

DIA 331

O estado e a doutrina do bem-estar

"O Estado não pode dar nada que não tenha tomado antes de alguém."

Palavra-chave:
Redistribuição

REFLEXÃO:
A ideia de bem-estar financiado pelo governo é um mito de redistribuição coercitiva.

DIA 332

A injustiça do planejamento central

"O planejamento central é a negação do cálculo racional."

Palavra-chave:
Planejamento

REFLEXÃO:
Sem preços reais, decisões tornam-se apostas perigosas.

DIA 333 A economia como ciência humana

❝ *A economia é a ciência da ação humana, não da matemática fria.* ❞

Palavra-chave:
Números

REFLEXÃO:
Números servem à compreensão, mas não a substituem.

DIA 334 A verdade sobre subsídios

❝ *Subsídios são privilégios pagos por todos para beneficiar alguns.* ❞

Palavra-chave:
Subsídio

REFLEXÃO:
O subsídio é o apadrinhamento disfarçado de política pública.

DIA 335 — O caráter das trocas voluntárias

“Em toda troca voluntária, ambas as partes esperam ganhar.”

Palavra-chave:
Igualdade

REFLEXÃO:
Só a liberdade permite trocas com benefício mútuo.

DIA 336 — A moeda forte como pilar

“Sem uma moeda estável, nenhuma economia pode se sustentar.”

Palavra-chave:
Estabilidade

REFLEXÃO:
Inflação corrói não apenas o valor, mas também a confiança.

DIA 337 Liberdade e sensatez

“A humanidade precisa, antes de tudo, se libertar da submissão a slogans absurdos e voltar a confiar na sensatez da razão.”

Palavra-chave:
Submissões

REFLEXÃO:
No que você tem acreditado ultimamente?

DIA 338 A autonomia do indivíduo

“O indivíduo, não o coletivo, é a base moral da sociedade.”

Palavra-chave:
Indivíduo

REFLEXÃO:
Não existe ‘nós’ sem um ‘eu’ livre.

DIA 339

A fragilidade da democracia sem liberdade

"Os piores males que a humanidade já teve de suportar foram infligidos por maus governos."

Palavra-chave:
Herança

REFLEXÃO:
A grande herança de um péssimo governo é o futuro deixado por ele.

DIA 340

O lucro como indicador de valor

"O lucro mostra que alguém foi servido com eficiência."

Palavra-chave:
Recompensa

REFLEXÃO:
Lucro é sinal de valor entregue, não de egoísmo.

DIA 341 — A educação econômica como defesa

“A ignorância econômica é a aliada dos tiranos.”

Palavra-chave:
Educação

REFLEXÃO:
Sem entender economia, o povo é manipulado com facilidade.

DIA 342 — O estado como criador de crises

“Muitas das crises que enfrentamos têm origem nas políticas estatais.”

Palavra-chave:
Heróis

REFLEXÃO:
O bombeiro que provoca o incêndio não é herói.

DIA 343

Capitalismo

❝ *Sua mera existência é uma prova do êxito do capitalismo, seja qual for o valor que você atribui à própria vida.* ❞

Palavra-chave:
Produção

REFLEXÃO:
O capitalismo não é o grande vilão da humanidade.

DIA 344

A inveja pela prosperidade

❝ *As massas não gostam de quem os ultrapassar, em qualquer sentido. O homem médio inveja e odeia aqueles que são diferentes.* ❞

Palavra-chave:
Inveja

REFLEXÃO:
Ninguém prospera invejando.

DIA 345 O estado e o fardo da burocracia

“A burocracia engessa a criatividade e sufoca a eficiência.”

Palavra-chave:
Eficiência

REFLEXÃO:
Onde há excesso de carimbos, falta espaço para ideias.

DIA 346 A mão invisível do mercado

“O mercado coordena milhões de ações sem uma autoridade central.”

Palavra-chave:
Coordenação

REFLEXÃO:
Ordem não precisa de ordens.

DIA 347 O papel dos preços livres

“Preços livres transmitem informações que nenhum comitê jamais poderia reunir.”

Palavra-chave:
Informação

REFLEXÃO:
Cada preço é uma mensagem sobre escassez, valor e preferência.

DIA 348 A liberdade como valor econômico

“A liberdade econômica é também um bem que precisa ser protegido.”

Palavra-chave:
Liberdade

REFLEXÃO:
Liberdade não é só ideal, mas o ativo vital.

DIA 349

O socialismo e a repressão da dissidência

"O socialismo não admite crítica, pois depende de obediência cega."

Palavra-chave:
Dissentimento

REFLEXÃO:
Uma ideia que não pode ser questionada é uma prisão.

DIA 350

A inviabilidade do igualitarismo forçado

"A tentativa de igualar todos os homens leva à supressão dos melhores."

Palavra-chave:
Igualitarismo

REFLEXÃO:
Igualar por baixo nunca gerou grandeza.

DIA 351 O livre mercado é inclusivo

No livre mercado, ninguém precisa de permissão para tentar.

Palavra-chave:
Acesso

REFLEXÃO:
Oportunidade sem favoritismo é a verdadeira inclusão.

DIA 352 A confiança como base das trocas

A confiança é o cimento invisível da economia de mercado.

Palavra-chave:
Confiança

REFLEXÃO:
Sem palavra, não há contrato; sem contrato, não há comércio.

DIA 353 O perigo da moral estatal

“O Estado não é guia moral.”

Palavra-chave:
Moralidade

REFLEXÃO:
Transferir a ética ao governo é abdicar da consciência.

DIA 354 A esperança está na liberdade

“O futuro pertence aos que confiam na liberdade.”

Palavra-chave:
Esperança

REFLEXÃO:
Onde há liberdade, há espaço para construir.

DIA 355 | Responsabilidade do cidadão

Não culpe os políticos por tudo — eles refletem a mentalidade dominante.

Palavra-chave:
Responsabilidade

REFLEXÃO:
Sociedades livres exigem cidadãos vigilantes e ativos.

DIA 356 | O poder da escolha econômica

A liberdade de escolha é a essência da dignidade econômica.

Palavra-chave:
Escolha

REFLEXÃO:
O direito de escolher inclui o direito de errar e aprender.

DIA 357 A falsa promessa da intervenção

A cada nova lei interventora, o mercado perde um pouco mais de sua vitalidade.

Palavra-chave:
Intervenção

REFLEXÃO:
Intervir sem fim é sufocar o próprio sistema que nos alimenta.

DIA 358 O empreendedor e o futuro

O empreendedor age hoje pensando num amanhã melhor.

Palavra-chave:
Empreendedorismo

REFLEXÃO:
Sem visão de longo prazo, não há progresso duradouro.

DIA 359 A liberdade como princípio

A verdadeira prosperidade nunca floresce sem liberdade.

Palavra-chave:
Princípio

REFLEXÃO:
Confiança e autonomia geram riqueza.

DIA 360 A desigualdade como estímulo

A desigualdade natural impulsiona a melhoria pessoal e social.

Palavra-chave:
Estímulo

REFLEXÃO:
Igualar resultados mata o ímpeto criador.

DIA 361

O valor da paz

“*A economia livre floresce apenas em tempos de paz.*”

Palavra-chave:
Paz

REFLEXÃO:
A guerra destrói riqueza e afoga a inovação.

DIA 362

O conhecimento como patrimônio

“*O conhecimento econômico é um patrimônio coletivo.*”

Palavra-chave:
Conhecimento

REFLEXÃO:
Difundi-lo é proteger a própria sociedade contra erros.

DIA 363 A liberdade e a felicidade

"A liberdade individual é o alicerce da felicidade duradoura."

Palavra-chave:
Felicidade

REFLEXÃO:
Felicidade forçada por decreto nunca se concretiza.

DIA 364 O poder da concorrência

"A concorrência mantém empresas honestas e consumidores livres."

Palavra-chave:
Concorrência

REFLEXÃO:
A livre disputa melhora sempre o que já existe.

DIA 365 A civilização e a propriedade

“A civilização depende da segurança da propriedade privada.”

Palavra-chave:
Civilização

REFLEXÃO:
Sem essa base, nenhum avanço permanece.

DIA 366 (Bônus) O compromisso com o amanhã

“A cada ano que somamos à história, o futuro nos lembra que somos construtores do nosso destino.”

Palavra-chave:
Futuro

REFLEXÃO:
Que nunca falte determinação para defender os princípios que nos libertam e nos inspiram.